BEI GRIN MACHT SICH IHR WISSEN BEZAHLT

Bibliografische Information der Deutschen Nationalbibliothek:

Die Deutsche Bibliothek verzeichnet diese Publikation in der Deutschen National-
bibliografie; detaillierte bibliografische Daten sind im Internet über http://dnb.d-
nb.de/ abrufbar.

Impressum:

Copyright © 2019 GRIN Verlag
Druck und Bindung: Books on Demand GmbH, Norderstedt Germany
ISBN: 9783346036964

Dieses Buch bei GRIN:

https://www.grin.com/document/500062

Leona Tallmann

E-Recruiting in der IT-Branche. Mit People Analytics gegen den Fachkräftemangel?

Potenzial und Anwendungsbeispiele

GRIN Verlag

GRIN - Your knowledge has value

Der GRIN Verlag publiziert seit 1998 wissenschaftliche Arbeiten von Studenten, Hochschullehrern und anderen Akademikern als eBook und gedrucktes Buch. Die Verlagswebsite www.grin.com ist die ideale Plattform zur Veröffentlichung von Hausarbeiten, Abschlussarbeiten, wissenschaftlichen Aufsätzen, Dissertationen und Fachbüchern.

Besuchen Sie uns im Internet:

http://www.grin.com/

http://www.facebook.com/grincom

http://www.twitter.com/grin_com

FOM Hochschule für Ökonomie und Management

Studienzentrum Bonn

Berufsbegleitender Studiengang zum Bachelor of Science (B. Sc.)

6. Semester

Seminararbeit im Modul HR-Management

Anwendungsfelder der Datenanalyse im Personalmanagement:

Potenzial und Anwendungsbeispiele von People Analytics zur

Personalrekrutierung in der IT-Branche

Betreuer:

Autorin:

Matrikelnr.:

Abgabedatum: 25.06.2019

Inhaltsverzeichnis

Abbildungsverzeichnis

Abkürzungsverzeichnis

BMS	Bewerbermanagementsystem
E-Recruiting	Electronic Recruiting
HR	Human Resource

1

1. Einleitung

In der heutigen Zeit ist der Fachkräftemangel eine große Herausforderung, der Unternehmen gegenüberstehen. Die aktuelle Marktsituation zwingt Unternehmen, ihre Außendarstellung zu optimieren und auch die Personalrekrutierung auf die Situation anzupassen. Die Mitarbeitergewinnung und -bindung sowie die Motivation und das Durchführen von Entwicklungsmaßnahmen sind nur einige Aufgabenfelder, die hiervon betroffen sind.[1]

Durch die Unterstützung von Informationssystemen werden im Personalmanagement schon jetzt große Datenmengen generiert, welche für weitere Analysezwecke im Sinne von Data Mining genutzt werden können. Data Mining birgt ein hohes Potenzial für den Personalbereich, vor allem für Unternehmen, welche mit hohen Bewerber- und Einstellungszahlen zu kämpfen haben.[2] In dieser Hinsicht bietet das strategische Vorgehensmodell People Analytics ein Spektrum von Möglichkeiten, um die Datenbestände für die Personalrekrutierung nutzbar zu machen.[3]

Die vorliegende wissenschaftliche Arbeit befasst sich mit dem Bereich der Personalrekrutierung, genauer gesagt des E-Recruitings in der IT-Branche. Das Potenzial von People Analytics in diesem Bereich wird erörtert und konkrete Anwendungsfelder aufgezeigt. Es soll evaluiert werden, wie die Effizienz des E-Recruitings durch People Analytics gesteigert werden kann. Zudem soll ein Ausblick auf zukünftige Entwicklungen gegeben werden.

Der Arbeit steht die Frage voran, ob People Analytics schon heutzutage eine anwendbare Methode ist, um die Personalrekrutierung in Unternehmen der IT-Branche positiv zu beeinflussen.

---

[1] Vgl. *Schelenz, B.*, Recruiting, 2007 S. 5 ff.
[2] Vgl. *Wang, J.*, Data mining, 2003 S. 367.
[3] Vgl. *Petry, T.*, Digital HR, 2018 S. 115 ff.

2. Begrifflichkeiten

In diesem Kapitel wird die voranstehende Thematik für das allgemeine Verständnis erläutert. Es werden die Grundlagen von People Analytics vorgestellt und der Begriff des E-Recruitings definiert.

2.1. People Analytics

People Analytics ist ein weitreichendes und umfassendes Gebiet der Datenanalyse im Personalmanagement. Die zu Grunde liegenden Daten sind von hoher Varietät und Fülle. Sie stammen aus den unterschiedlichsten Quellen und nicht nur, wie vorschnell anzunehmen, aus dem klassischen Personalcontrolling.[4] In diesem Bezug spricht man auch von den Big Data-typischen Eigenschaften. Bei diesen handelt es sich neben der großen Datenmenge, unter anderem auch um die hohe Geschwindigkeit der Datenerzeugung und die unterschiedlichen Datenformate.[5]

Ziel von People Analytics ist es, das evidenzbasierte Personalmanagement abzulösen. Die Datenauswertungen sollen mehrwertige Ergebnisse liefern, um Entscheidungen informationsbasiert fassen und begründen zu können. Intuitive Entscheidungen sollen durch ein faktenbasiertes Vorgehen abgelöst werden.[6] Verglichen mit den taktisch-operativen Vorgehen der Datenauswertung im Personalbereich, leistet People Analytics einen hohen Wertschöpfungsbeitrag. Es ist von strategischem Charakter, da es komplexe Datengeflechte miteinander in Beziehung setzt und im Stande ist, tiefsinnige Aussagen zu treffen, welche auch dem langfristigen Nutzen dienen.[7]

Nachfolgende Abbildung verdeutlicht den Wert von People Analytics und die Chancen, welche sich durch dieses Modell eröffnen. Es stellt die vier Ebenen der Datenorientierung im Personalbereich grafisch dar und bewertet sie hinsichtlich ihrem Wertschöpfungsbeitrages und ihrer Entwicklungsstufe im aktuellen Kontext. Zu den drei unteren taktisch-operativen Stufen zählen die „Erfahrungsbasierte Entscheidungsfindung", das „Human

---

[4] Vgl. *Petry, T.*, Digital HR, 2018, S. 49.
[5] Vgl. *Abadi, D.* et al., beckman report, 2016 S. 92 ff.
[6] Vgl. *Grove, W. M.* et al., mechanical prediction, 2000, S. 19 ff.
[7] Vgl. *Piazza, F.*, Data Mining, 2010 S. 208 f.

Resource-Reporting" bzw. „- Berichtswesen" (Human Resource = HR) sowie das „Personal Controlling", welches auf Kennzahlen und Methoden wie Dashboard oder Benchmarking basiert. Auf oberster Stufe ist die strategische Datenorientierung „People Analytics" angeordnet. Diese hervorgehobene Positionierung verdeutlicht den Wertschöpfungsbeitrag von People Analytics im Personalmanagement.

Abbildung 1: Die Evolution der Datenanalyse

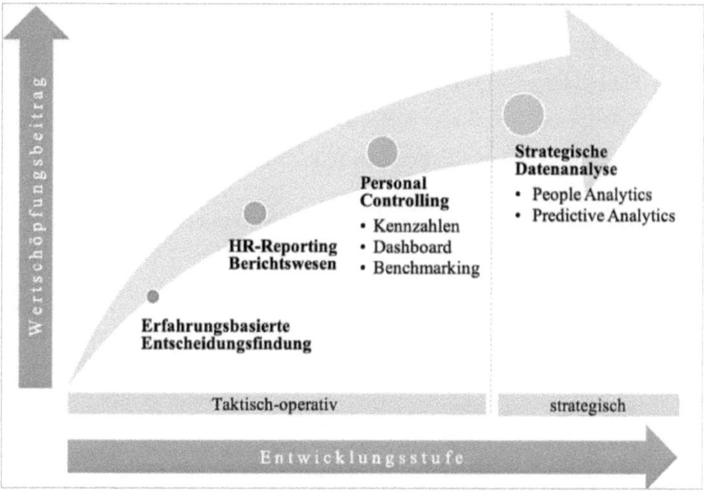

Quelle: In Anlehnung an *Smith, T.*, HR analytics, 2013, S. 11

2.2. E-Recruiting

Der Begriff des E-Recruiting bezeichnet die moderne Art der Personalbeschaffung auf elektronischem Weg. Die Bezeichnung setzt sich aus dem Wort "Electronic" ("E") und "Recruiting" zusammen. "Recruiting", welches übersetzt "Rekrutierung" bedeutet, steht für die Anwerbung und Beschaffung neuer Mitarbeiter. "Electronic" grenzt den Prozess der Rekrutierung auf eine gänzlich elektronische Abwicklung ein, welche durch prozessbegleitende Systeme unterstützt wird.[8]

E-Recruiting dient der externen Personalbeschaffung und umfasst sämtliche miteinhergehende digitale Prozesse.[9] Diese Prozesse reichen von Stellenausschreibungen im Internet über das Eingehen von Online-Bewerbungen anhand elektronischer Formulare bis hin zur internen Weiterverarbeitung der Bewerbungsmaterialien.[10]

Die gesamte Personalrekrutierung kann darüber hinaus jedoch noch in weitere Prozesse eingeteilt werden. Begonnen bei der Personalplanung, reicht das Aufgabengebiet über die Entwicklung von Maßnahmen zur Personalbedarfsdeckung bis hin zur Evaluierung des Rekrutierungsprozesses. Folgende Abbildung stellt diese Teilprozesse genauer da und untergliedert sie in die einzelnen Teilbereiche.[11]

Abbildung 2: Teilprozesse der Personalrekrutierung

REKRUTIERUNG		
Bedarf	• Personalplanung • Stellenbeschreibungen	
Marketing	• Employer Branding • Marktbeobachtung	
Bedarfsdeckung	• Planung, Durchführung von Maßnahmen	
Personalauswahl	• Auswahlverfahren	
Personaleinstellung	• Vertragsabschluss • Onboarding	
Evaluierung	• Verbesserungs- maßnahmen	

Quelle: In Anlehnung an *Mladenow, A., Strauss, C.*, Active Sourcing und Matching, 2015, S. 485

Auf diesem Gebiet modernisiert eine Etablierung neuer Medien und das Nutzen von Bewerbermanagementsystemen (Bewerbermanagementsystem = BMS) das E-Recruiting

---

[8] Vgl. *Ritter, A.*, E-Recruiting, 2010, S. 9 f.
[9] Vgl. *Beck, C.*, E-Recruiting, 2002, S. 12.
[10] Vgl. *Eisele, D. S.*, Online-Bewerbungssysteme, 2003, S. 24 ff.
[11] Vgl. *Mladenow, A., Strauss, C.*, Active Sourcing und Matching, 2015, S. 485.

und öffnet neue Märkte und Möglichkeiten.[12] Speziell entwickelte BMS basieren auf einem Workflow, welcher den Rekrutierungsprozess steuert und den Prozess der Bewerbung abhandelt. Dies unterstützt die Rekrutierungsarbeit und führt zudem dazu, dass Bewerber kurzfristig Rückmeldung zu dem aktuellen Status der Bewerbung erhalten.[13] Der Prozess ist somit von Reaktionsfreudigkeit, Kostenersparnissen sowie Arbeitserleichterung geprägt.[14]

Bezogen auf die Gesamtorganisation, ist E-Recruiting der strategischen Personalplanung unterzuordnen. Die strategische Personalplanung ist nach der Unternehmensplanung gerichtet und erfüllt die Aufgabe, dem Unternehmensziel entsprechend Personal zur Verfügung zu stellen. Die Personaleinsatzplanung erfüllt jedoch nicht nur quantitative Anforderungen, sie muss auch gewährleisten, dass die zu werbenden Kandidaten die nötigen Kompetenzen besitzen, zum richtigen Zeitpunkt und am richtigen Ort eingesetzt werden und darüber hinaus das Wirtschaftlichkeitsverhältnis berücksichtigen.[15]

---

[12] Vgl. *Eisele, D. S.*, Online-Bewerbungssysteme, 2003, S. 24 ff.
[13] Vgl. *Ritter, A.*, E-Recruiting, 2010, S. 9 f.
[14] Vgl. *Eisele, D. S.*, Online-Bewerbungssysteme, 2003, S. 24 ff.
[15] Vgl. *Kolb, M., Werner, E.*, Personaleinsatz, 1978, S. 41.

3. E-Recruiting in der IT-Branche

Externe Gegebenheiten, wie das veränderte Kommunikationsverhalten und die Globalisierung des Jobmarktes führen zu neuen Formen und Erweiterungen des E-Recruitings. Es ist keine Neuheit, Stellenanzeigen über das Internet zu publizieren,[16] das E-Recruiting wird vielmehr durch komplexe Web 2.0 Tools stetig erweitert, bei denen vor allem die gezielte Suche nach potenziellen Kandidaten im Vordergrund steht. Ziel ist es zeiteffizient und nach Stellen gesondert, Bewerber herauszufiltern und den Aufwand für die Personalbeschaffung zu minimieren.[17]

Dieser Aufwand ist vor allem bei der Rekrutierung von Fachkräften in der IT-Branche nicht zu verharmlosen, was in den folgenden Kapiteln näher betrachtet wird. Zunächst werden die grundlegenden Herausforderungen der IT-Branche erläutert und im aktuellen Kontext betrachtet. Darauf aufbauend werden die Potenziale von People Analytics in diesem Bereich dargestellt. Es wird verdeutlicht, für welche Schwierigkeiten personenbezogene Datenanalysen einen Ansatz zur Lösung bieten.

3.1. Herausforderungen durch Fachkräftemangel

Die Personalbeschaffung in der IT-Branche ist aufgrund der aktuellen Arbeitsmarktsituation mit unterschiedlichen Herausforderungen konfrontiert. Grundlegend hierfür sind der hohe Fachkräftemangel an IT-Experten und der daraus resultierende Wettbewerb um die Anwerbung von qualifiziertem Personal.[18]

Im vergangenen Jahr zählte eine Studie der *Bitkom Research* 82.000 offene Stellen für IT-Experten in der Gesamtwirtschaft, was im Vergleich zu 2017 eine Steigerung von 49% darstellt.[19] Das folgende Säulendiagramm zeigt die Entwicklung der vergangenen Jahre und verdeutlicht vor allem den wachsenden Personalbedarf in der IT-Branche. Auf der x-Achse werden die Jahre von 2009 bis 2017 aufgefasst, die y-Achse misst die Anzahl offener Stellen für IT-Experten in Zehntausender Schritten. Eine übergelagerte Linie gibt

[16] Vgl. *Eckhardt, A.* et al., E-recruiting, 2014, S. 415 ff.
[17] Vgl. *Ghazzawi, K., Accoumeh, A.*, E-Recruitment, 2014, S. 159 ff.
[18] Vgl. *Bitkom e.V.*, IT-Fachkräftemangel, 2018, o. S.
[19] Vgl. *Bitkom e.V.*, IT-Fachkräftemangel, 2018, o. S.

zudem Aufschluss über die prozentuale Entwicklung der Zahlen bezogen auf die Werte des jeweiligen Vorjahres.

Abbildung 3: Fachkräftemangel in der IT-Branche

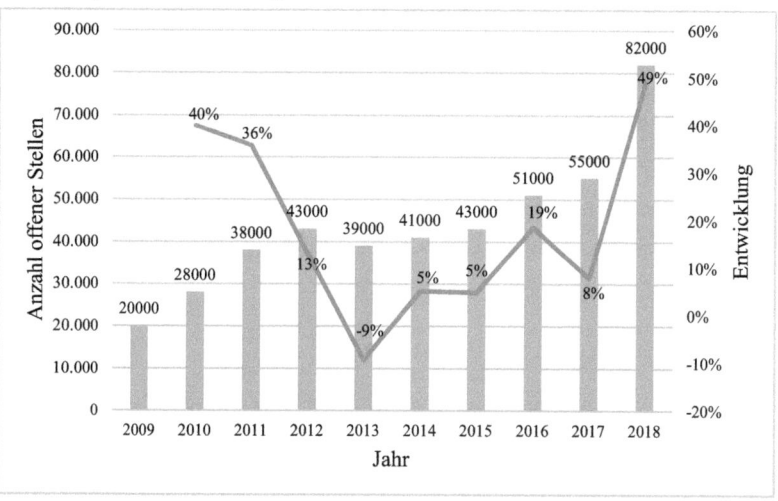

Quelle: In Anlehnung an *Bitkom e.V.*, IT-Fachkräftemangel, 2018, o. S.

Aus der Studie geht hervor, dass 82% der befragten Unternehmen über einen Mangel an Fachkräften klagen. Die Unternehmen setzen bereits zum Großteil auf E-Recruiting und nutzen verschiedene Wege der Bewerberansprache, jedoch nicht zum gewünschten Erfolgsfaktor. Den Bewerbenden fehlen häufig geforderte Qualifikationen, zudem erheben sie hohe Ansprüche bezogen auf die Arbeitssituation und das Einstiegsgehalt.[20]

Auf der einen Seite führt dies dazu, dass sich die Unternehmen in ihrer Außendarstellung von der Konkurrenz abgrenzen müssen und ihre Vorzüge gegenüber anderen Wettbewerbern kommunizieren müssen, um eine möglichst große Masse an Talenten anzusprechen.[21] Auf der anderen Seite sind aber auch die Methoden des E-Recruitings und der Rekrutierungsprozess im Ganzen zu optimieren. Die Auswahl an gewonnenen Bewer-

---

[20] Vgl. *Bitkom e.V.*, IT-Fachkräftemangel, 2018, o. S.
[21] Vgl. *Rechsteiner, F.*, IT-Recruiting, 2016, S. 3.

benden muss den gewünschten Soft- und Hard-Skills entsprechend konzentrierter ausfallen und die anschließende Klassifizierung sollte in möglichst kurzer Zeitspanne und zu geringen Kosten geeignete Talente herauskristallisieren.[22]

Diese Fakten verdeutlichen die Relevanz der Personalrekrutierung im IT-Sektor. Durch die Überlegenheitsposition der Bewerbenden sind die Unternehmen in Zugzwang. Um qualifizierte Talente anzusprechen und zu werben, besteht noch großes Verbesserungspotenzial im Gesamtprozess. Er muss leichtfüßiger und transparenter werden und sollte unpassende Kandidierende im Vorhinein ausschließen. Zu welchem Maß People Analytics an diesen Punkten ansetzt und welche Möglichkeiten es birgt, durch Eingliederung spezieller Methoden, die gewünschten Kandidaten in den Rekrutierungsprozess einzubeziehen, wird in dem folgenden Kapitel evaluiert.

3.2. Potenzial von People Analytics

Die verschiedenen Anwendungsfelder von Data Mining sind im heutigen Zeitalter durch die Digitalisierung von sehr hoher Relevanz. Die Digitalisierung breitet sich unternehmensweit über alle Abteilungen aus und spielt auch im Personalmanagement eine nicht mehr wegzudenkende Rolle. Einerseits muss es sich sehr schnelllebigen Anforderungen und Hürden der Digitalisierung stellen. Die andererseits miteinhergehenden Chancen des digitalen Zeitalters, machen dies jedoch unumgänglich. Diese Positionierung betrifft nicht nur die Strategie des Personalmanagements, sie reicht auch über die internen Prozesse bis hin zu den Informationssystemen. All diese Bereiche müssen im Zuge des technologischen Fortschritts dynamisch neu gestaltet und stetig optimiert werden.[23]

Die Anwendungsmöglichkeiten der Datenanalyse sind sehr vielfältig. Bereiche wie Social Media, Künstliche Intelligenz, Cloud Computing als auch People Analytics bergen ein großes Potenzial für das Personalmanagement. Die zu entwickelnden HR-Strategien können sich auf verschiedene Richtungen spezialisieren. Beispielsweise können sie sehr

---

[22] Vgl. *Rechsteiner, F.*, IT-Recruiting, 2016, S. 29 f.
[23] Vgl. *Petry, T.*, Digital HR, 2018, S. 30.

individualisiert oder simpel gestaltet sein, sich auf Agilität fokussieren oder eher Mitarbeiterzentriert sein.[24] Im Allgemeinen lässt sich hieraus ein akuter Handlungsbedarf ableiten, welcher vor allem die Personalmanager betrifft.[25]

In Bezug auf das Potenzial von People Analytics muss zunächst die Datengrundlage betrachtet werden. Hierzu können die weitverbreiteten Merkmale „Volume", „Variety" sowie "Velocity" von Big Data herangezogen werden. Im Personalbereich besteht schon aktuell ein hohes Datenaufkommen („Volume"), welches die voranstehenden Anforderungen für Data Mining erfüllt und gute Chancen birgt. Die Datenmassen können beispielsweise aus Bewerberakten stammen oder aus dem World Wide Web. Neben der Masse, sind sie auch von hoher Varietät („Variety"). Bewerberdaten liegen nicht mehr ausnahmslos in klassischer Textform vor, heutzutage werden auch viele Audio und Videodaten im E-Recruiting herangezogen. Die Informationsgrundlage basiert folglich aus strukturierten als auch unstrukturierten Daten. Ein weiterer Punkt ist die hohe Geschwindigkeit ("Velocity"), mit welcher neue Informationen durch die vielfältigen Eingangskanäle und Verarbeitungswege entstehen.[26]

Ein zusätzlicher Aspekt der Potenzialanalyse von People Analytics im Rekrutierungsprozess ist die Weiterverarbeitung der gesammelten und generierten Daten. Es existieren schon einige Methoden zur Analyse sowie Werkzeuge, um diese Art von Daten zu verarbeiten und Informationen mit Mehrwert zu extrahieren. Zudem gibt es Möglichkeiten, eine Datenverlinkung zu weiteren Quellen durchzuführen.[27]

Grundlegend besteht ein großes Anwendungspotenzial von People Analytics, bezieht man sich auf die zur Verfügung stehenden Daten, welche zur Rekrutierung herangezogen werden können oder während dem Prozess des E-Recruitings anfallen. Dies stellt eine Eingliederung von People Analytics in das E-Recruiting in ein positives Licht. Auch für die nachgestellte Analyse und Weiterverarbeitung gibt es anzuwendende Methoden. Welche konkreten Anwendungsmöglichkeiten, den Rekrutierungsprozess optimieren können, wird in dem folgendem Kapitel näher betrachtet und evaluiert.

---

[24] Vgl. *Petry, T.*, Digital HR, 2018, S. 32.
[25] Vgl. *Rauterberg, H., Krebs, B.*, HR-Digitalisierung, 2017, S. 32.
[26] Vgl. *Petry, T.*, Digital HR, 2018, S. 43 f.
[27] Vgl. *Jänicke, U., Schindler, D.*, HR-Management, 2017, S. 38.

4. Anwendungsfälle

In den folgenden Kapiteln wird auf zwei konkrete Anwendungsfälle der Datenanalyse im E-Recruiting eingegangen. Es werden die beiden People Analytics-Strategien Active Sourcing sowie Job-Matching beschrieben und ihre Anwendung erläutert. Zudem wird an dem Fallbeispiel des Unternehmens *Goodgame Studios* aufgezeigt, wie eine People Analytics –Strategie erfolgreich in das E-Recruiting eingegliedert werden kann.

4.1. Active Sourcing

Eine der neueren Innovationen des strategischen Personalmanagements nennt sich Active Sourcing.[28] Übersetzt steht der Fachbegriff im Deutschen für "Aktives Suchen", welches sich auf die Rekrutierung neuer Mitarbeiter im Internet bezieht.

Active Sourcing ist in vielen Großunternehmen schon fester Bestandteil des E-Recruitings, wird jedoch nicht für jede Stelle eingesetzt. Vorrangig nutzt das Personalmanagement diese Strategie für sehr spezialisierte Stellen [29] und für die Rekrutierung leitender Angestellte. Es hat folglich eine höhere Anwendung für die Besetzung von Management-Positionen.[30]

Beim Active Sourcing nimmt der Recruiter die Rolle eines HR-Datenanalytikers ein, er wird daher auch „Sourcer" genannt. Anhand einer gezielten Nutzung von Suchmaschinen sowie erweiternder Tools sollen passende Kandidaten gefunden werden. In diesem Bezug ist es von Bedeutung, die gewonnenen Informationen mit Methoden zur Datenanalyse auszuwerten und zu aggregieren, sodass ein Pool von Talenten generiert werden kann. Auf lange Sicht ist es darüber hinaus auch von Nutzen, die Verbindungen zwischen einzelnen Menschen zu analysieren, um sich ein Empfehlernetz aufzubauen.[31]

Praktisch gesehen kann Active Sourcing über verschiedene Business-Netzwerke im Internet betrieben werden. Zu den bekanntesten gehören LinkedIn oder XING. Sie werden genutzt, um die Zielgruppe anzusprechen und für die zu besetzende Stelle zu werben. Der

[28] Vgl. *Surrey, H.; Tiberius, V.*, Personalmanagement, 2018, S. 263.
[29] Vgl. *Mladenow, A., Strauss, C.*, Active Sourcing und Matching, 2015, S. 489.
[30] Vgl. *Personalwirtschaft*, Recruiting-Strategien 2018, 2018, S. 12.
[31] Vgl. *Dannhäuser, R., Braehmer, B.*, Active Sourcing, 2017, S. 412.

Prozess gewinnt an datengetriebenem Charakter sobald Suchalgorithmen angewandt werden, um die Kandidatengruppe einzukreisen und nach geeigneten Bewerbern zu filtern.[32] Active Sourcing kann in drei Phasen untergliedert werden, welche sich im Gesamtprozess durchgängig wiederholen und daher iterativ abgearbeitet werden. Bei den Phasen handelt es sich um die „Vorbereitung", das „Finden" und um das „Identifizieren". Der Inhalt und die Aktivitäten dieser drei Phasen werden im Folgenden näher beschrieben.[33]

4.1.1. Vorbereiten

Bei der Vorbereitung geht es um das Zusammentragen aller Informationen, um die Semantik für die Suche festzulegen. In Zusammenarbeit mit der betroffenen Fachabteilung wird ein Stellenprofil erarbeitet, um den Rahmen für den zu besetzenden Job einzugrenzen. Damit jedoch wertige Schlüsselbegriffe für die Suche erarbeitet werden können, sind Keywordtools sowie Kenntnisse des Sourcers von Nöten. Erfahrung und Professionalität tragen im großen Maße dazu bei, die Suchbegriffskombination erfolgreich zu gestalten. Simple Anzeigetexte aus üblichen Stellenbeschreibungen sind nicht in der Lage, tatsächlich geeignete Talente in den Suchmaschinen zu finden.[34]

4.1.2. Finden

Auf den Ergebnissen der Vorbereitung aufbauend, wird Talent Mining betrieben. Diese Phase besteht aus zwei Schritten. Im ersten Schritt, der Findungsphase, geht es darum, eine möglichst vollständige Menge aller potenziellen Kandidaten zu finden. Es wird folglich eher grob gearbeitet und ausgewählt. Im zweiten Schritt, dem Identifikationsprozess, wird die Auswahl stetig verfeinert. Dies wird durch eine Präzision der Filtertechnik umgesetzt, sodass anhand gezielter Suchstrings einzelne Talentgruppen aus der Menge herausgefiltert werden können. Wichtig ist bei diesem Verfahren, äußerst genau zu arbeiten. Insgesamt gesehen darf zu anfangs nicht zu früh gefiltert werden, um geeignete Kandidaten nicht trugschlüssig schon von Anfang an auszuschließen. Ein genaues und bedachtes Vorgehen ist somit von hoher Bedeutung.[35]

---

[32] Vgl. *Personalwirtschaft*, Recruiting-Strategien 2018, 2018, S. 17ff.
[33] Vgl. *Dannhäuser, R., Braehmer, B.*, Active Sourcing, 2017, S. 412ff.
[34] Vgl. *Dannhäuser, R., Braehmer, B.*, Active Sourcing, 2017, S. 412 ff.
[35] Vgl. *Dannhäuser, R., Braehmer, B.*, Active Sourcing, 2017, S. 412 ff.

4.1.3. Identifizieren

In der dritten Phase geht es um das Identifizieren, genauer gesagt um das Filtern und Selektieren der gefundenen Talente. Auch in diesem Prozess werden Filtertechniken angewandt, nun werden jedoch äußerste Systematik und Präzision erfordert. Die integrierten Filtermöglichkeiten bei den Business-Netzwerken wie LinkedIn oder XING sind in ihrer Funktionalität sehr ähnlich aufgebaut. Durch Auswahlmöglichkeiten können nach einzelnen Fähigkeiten gesucht werden. In diesem Bezug ist jedoch zu berücksichtigen, dass viele Profildaten nicht richtig zugeordnet werden können oder einige Profile nicht vollständig ausgefüllt sind. Ein diszipliniertes Vorgehen muss diese möglichen Fehler- und Verlustquellen miteinbeziehen, um mögliche potenzielle Kandidaten nicht auszuschließen.[36]

Wurden passende Kandidaten aus dem anfänglichen Pool an Talenten herausgefiltert, gehört es natürlich auch zu den wichtigen Aufgaben, die Kontaktierung vorzubereiten und einzuleiten. Eine individuelle Kontaktaufnahme, welche vor allem auch online Professionalität zeigen muss, ist hierbei anzuwenden. Dieser Schritt ist jedoch nicht in den analytischen Prozess des Active Sourcing beizuordnen und daher gesondert zu betrachten.[37]

Bezogen auf die aktuelle Situation, besteht für viele Unternehmen noch Nachholbedarf hinsichtlich der Anwendung von Active Sourcing und der Nutzung miteinhergehender datenbasierter Tools, um die Suche nach Kandidaten effizient zu gestalten. Einer Studie der Zeitschrift *Personalwirtschaft* nach, wird Active Sourcing jedoch in Zukunft an Unterstützung im Personalmanagement gewinnen. Ein Großteil der befragten Unternehmen gab an, das Budget für diese Strategie zu erhöhen. Unternehmen, welche diese Strategie noch nicht in ihrem Standardportfolio haben, sollten dies in naher Zukunft in Betracht ziehen.[38]

---

[36] Vgl. *Dannhäuser, R., Braehmer, B.*, Active Sourcing, 2017, S. 412 ff.
[37] Vgl. *Dannhäuser, R., Braehmer, B.*, Active Sourcing, 2017, S. 412 ff.
[38] Vgl. *Personalwirtschaft*, Recruiting-Strategien 2018, 2018, S. 11.

4.2. Job-Matching

Eine weitere Anwendungsmöglichkeit des datengetriebenen E-Recruitings nennt sich Job-Matching. Dieses aktuelle Verfahren spricht in erster Linie vor allem die Bewerbenden positiv an, da auf den betreibenden Plattformen eine große Menge verschiedener Arbeitgeber und zugehöriger Stellenanzeigen zur Verfügung gestellt werden. Die Suchenden müssen sich nicht mehr über die einzelnen Websites der Unternehmen informieren, sondern profitieren aus einer Ansammlung und Vergleichsübersicht freier Stellen. Über ein individuelles Bewerberprofil werden anhand von Algorithmen passende Arbeitgeber zu den Angaben gefunden und dem Bewerbenden Stellen vorgeschlagen, welche seinem Profil zugeordnet werden können.[39]

Damit der Matching-Prozess erfolgreich verläuft, müssen die Unternehmen einige Voraussetzungen im Vorhinein erfüllen. Zum einen müssen sie die gesuchten Fähigkeiten, Eigenschaften und Persönlichkeitsmerkmale beschreiben. Darüber hinaus sind jedoch auch weiche Faktoren von Relevanz, weshalb die Unternehmen klar definieren müssen, was ihre Arbeitgebermarke ausmacht und welche Kultur im Unternehmen gelebt wird. Diese Vorarbeiten können den Matching-Prozess stark beeinflussen und die Ergebnisse positiv eingrenzen.[40]

Viele Portale konzentrieren sich auf einen Kreis von anzusprechenden Talenten und unterscheiden sich durch ihre implementierten Matching-Tools voneinander. Die Plattform *AzubiYO* beispielsweise spricht vor allem Jugendliche an, da sie Berufswahltests und Jobbörse mit einer Matching-Technologie verbindet. Hierdurch können die Jugendlichen Tests absolvieren und darauf aufbauend eine passende Ausbildung finden, sodass auf beiden Seiten Klarheit geschaffen wird, ob der Ausbildungsplatz den Wünschen und Fähigkeiten entspricht. *Absolventa* hingegen spricht junge Studierte an, die auf der Suche nach einem Anstellungsverhältnis sind und verspricht, ihren Berufseinstieg zu vereinfachen. Das Portal *Talent Connect* verfolgt einen ganz neuen Ansatz, da es neben den gesuchten Skills auch das Employer Branding der Unternehmen in sein Matching miteinbezieht.[41]

---

[39] Vgl. *lebensmittelzeitung.net*, Matching, 2016, o. S.
[40] Vgl. *Fortmann, H. R.; Kolocek, B.*, Arbeitswelt, 2018, S. 58 f.
[41] Vgl. *lebensmittelzeitung.net*, Matching, 2016, o. S.

Der Begriff des Matching bezieht sich jedoch nicht nur auf den bloßen Abgleich der Bewerberinformationen mit den vom Unternehmen zur Verfügung gestellten Informationen. Er umfasst im weiteren Sinne auch Big Data Diagnostics, Anwendung Künstlicher Intelligenz sowie Predictive Analytics. Diese Wissenschaften liegen dem Recruiting-Prozess als Ganzes zu Grunde und sollen ihn fortschrittlich beeinflussen. Beispiele aus der aktuellen Forschung sind Mitarbeiter-Testimonials, welche auf der Unternehmensseite und der Seite der potenziellen Bewerbenden Klarheit in den Erwartungen schaffen sollen. Durch solche Referenzen wird aufgezeigt, welche Tätigkeiten in der beschriebenen Stelle genau ausgeführt werden und welche Anforderungen miteinhergehend auf die Kandidaten zukommen. Zusätzlich existieren bereits Fallstudien, welche einen ähnlichen Zweck wie die Testimonials verfolgen sowie virtuelle Unternehmensrundgänge, die dem Interessenten einen ersten Einblick in das Unternehmen verschaffen sollen.[42]

Im Gesamten dient das Job-Matching dem datengetriebenen Abgleich von Bewerberinformationen mit suchenden Unternehmen. Verglichen mit Active Sourcing wird es jedoch aktiv vom Bewerber in Anspruch genommen, sodass Unternehmen sich möglichst klar positionieren und ihre Anforderungen fest definieren müssen. Erweiternde Matching-Tools sollen Klarheit auf beiden Seiten schaffen. Sie geben dem Kandidaten einen ersten Einblick in das Unternehmen sowie die beschriebene Stelle und helfen dem Unternehmen einzuschätzen, ob der Bewerbende auch auf die Stelle zugeschnitten ist.[43]

---

[42] Vgl. *Fortmann, H. R.*; *Kolocek, B.*, Arbeitswelt, 2018, S. 58 f.
[43] Vgl. *Fortmann, H. R.*; *Kolocek, B.*, Arbeitswelt, 2018, S. 58 f.; *lebensmittelzeitung.net*, Matching, 2016, o. S.

4.3. Fallbeispiel Goodgame Studios

Das Unternehmen *Goodgame Studios* aus Hamburg ist ein Paradebeispiel dafür, wie anhand von People Analytics und verschiedenen Analysetools das E-Recruiting auf eine neue Ebene gehoben und dem Unternehmen letztlich aus einer schwer zu händigen Phase geholfen werden konnte. Seit seiner Gründung im Jahre 2009 erfährt der Hersteller von Browser- & Mobilespielen eine starke Wachstumsphase. Im Jahre 2014 spitzte sich dies so weit zu, dass die Recruiting-Teams etwa 5000 Bewerberakten monatlich sichten mussten. Der damals noch hohe Arbeits- und Zeitaufwand hatte einen starken negativen Einfluss auf die Einstellungskosten je Mitarbeiter.[44]

Mitte 2014 wurde aus diesen Schwierigkeiten heraus, ein neues Konzept ins Leben gerufen, um das H- Marketing effizienter zu gestalten und die Einstellungskosten langfristig zu senken. Ein weiteres Ziel war es auch, die Qualifikationen der Bewerbenden besser messen und einschätzen zu können, um den Anforderungen entsprechend, passende Talente auszuwählen. Konkret soll das zu entwickelnde Konzept zum einen die relevanten Online-Bewerberkanäle herausfiltrieren und die Stellen den priorisierten Kanälen zuordnen. Zudem sollen detaillierte Informationen zu den einzelnen Bewerbenden im Internet gesammelt werden und ihr Nutzerverhalten auf der Website zur weiteren Analyse erfasst werden. Letztlich soll auf diesem Weg schon frühzeitig ein detailreiches Profil erstellt werden können.[45]

Die Konzeptumsetzung basiert zum einen auf einer einheitlichen Arbeitsweise, um Protokolle und gesammelte Informationen je Recruiter gleichermaßen auswerten und lesen zu können. Des Weiteren wird ein BMS eingeführt, welches alle Informationen zentral sammelt und zur Verfügung stellt. Es hat die voranstehende Absicht, Fokus auf die Bewerberkanäle, wie die Unternehmenswebsite oder Jobportale, zu nehmen und die relevantesten zu filtrieren. Diese Analyse basiert auf den Angaben, welche in der Bewerbung gemacht werden, oder über welches Portal die Bewerbung direkt eingegangen ist. Die

[44] Vgl. *Reindl, C. U., Krügl, S.*, People Analytics, 2017, S. 197 ff.
[45] Vgl. *Reindl, C. U., Krügl, S.*, People Analytics, 2017, S. 197 ff.

Ergebnisse zeigen den Recruitern die relevanten Portale auf, welche sie für die jeweiligen Stellenanzeigen pflegen müssen.[46]

Zum anderen werden bei *Goodgame Studios* im Zuge des E-Recruitings auch die Datenströme auf der eigenen Website analysiert. Bei diesen Analysen handelt es sich durch den personenbezogenen Hintergrund um einen konkreten Anwendungsfall von People Analytics. Es werden Informationen zu den potenziellen Bewerbenden, welche sich auf der Website informieren, gesammelt. Hierzu zählen Daten wie allgemeine Besucherzahlen, Daten zur Region, das Klickverhalten auf der Website aber auch Informationen über die Interessen der Internetbesucher. Dies wird zusätzlich noch um Tracking-Codes und Cookies erweitert, welche die Analyse des Nutzerverhaltens um einiges spezifiziert. Informationen zur Besuchsdauer, Klickpfade und Nutzereingaben können gesammelt werden. Darüber hinaus werden wiederholte Besuche wiedererkannt und einem Nutzerprofil zugeordnet. Dies alles führt zu einem ersten aussagekräftigen Bewerberprofil, welches wiederrum mit dem BMS verknüpft wird.[47]

Im BMS können alle Informationen über ein Dashboard eingesehen werden. Zudem gibt ein eigens entwickeltes Tool Aufschluss über die konkreten Recruitingkosten. Es findet eine Zuordnung der Kosten der genutzten Portale auf die verschiedenen Jobs statt sowie eine Verbindung mit den Personalkosten.[48]

Goodgame Studios konnten durch dieses Konzept die Effektivität der Bewerberkanäle verbessern und Transparenz darüber schaffen, welcher Kanal welche Zielgruppe am besten erreicht. Zudem konnten die Recruitingkosten durch die entwickelten Tools und Analysen gesenkt werden, was eine Effizienzsteigerung darstellt. Auch ist nun überprüfbar, welcher Kanal eine spezifische Zielgruppe zu den geringsten Kosten erreicht. Qualifizierte Bewerbende können nun durch die Anwendung von People Analytics erfolgreich herausgefiltert werden.[49]

[46] Vgl. *Reindl, C. U., Krügl, S.*, People Analytics, 2017, S. 197 ff.
[47] Vgl. *Reindl, C. U., Krügl, S.*, People Analytics, 2017, S. 197 ff.
[48] Vgl. *Reindl, C. U., Krügl, S.*, People Analytics, 2017, S. 197 ff.
[49] Vgl. *Reindl, C. U., Krügl, S.*, People Analytics, 2017, S. 197 ff.

5. Kritische Betrachtung und Zukunftsaussicht

Insgesamt birgt People Analytics einige Ansätze zur unterstützenden Datenanalyse im E-Recruiting. Die miteinhergehenden Chancen und Risiken sollen im Folgenden kritisch betrachtet werden. Auf dieser Grundlage aufbauend wird ein abschließendes Fazit gefasst und die voranstehende Fragestellung beantwortet. Zuletzt wird ein Ausblick auf zukünftige Entwicklungen gegeben.

5.1.Chancen und Risiken

Der Einsatz von People Analytics-Methoden öffnet neue Möglichkeiten und Märkte. Zunächst kann People Analytics auf unterschiedlichen Plattformen angewandt werden, was dazu führt, dass eine große Masse an Talenten angesprochen wird. Dies bildet einen Vorteil zur klassischen Stellenanzeige über die Unternehmenswebsite, da Kandidierende über die Plattformen auf das Unternehmen aufmerksam werden oder aktiv geworben werden können. Durch den Wandel am Arbeitsmarkt stehen die Bewerbenden in einer vorteilhaften Position, weshalb sich die Unternehmen um ihre Aufmerksamkeit bemühen müssen. Es liegt verstärkt im Interesse der Bewerbenden, sich bequem über Portale zu Karrieremöglichkeiten zu informieren als aufwendig über einzelne Unternehmenswebsites.[50]

Zudem findet durch die unterschiedlichen Portale eine Unterteilung in verschiedene Bewerberkategorien statt. Es existieren Portale für Auszubildende, Studierende aber auch berufserfahrene Interessierte. Dies stellt für Unternehmen einen Vorteil dar, da sie ihr People Analytics-Strategie auf diese verschiedenen Kategorien ausrichten können und zudem aktiv beeinflussen können, welche Art von Talenten sie ansprechen möchten.[51]

Durch den Einsatz von strategischer und definierter Datenanalyse des Talentpools und einer gewissenhaften Ansprache geeigneter Bewerbender, kann das langfristige Personalmanagement positiv beeinflusst werden. Zum einen wirken Strategien wie Active Sourcing oder Job-Matching der Mitarbeiterfluktuation entgegen, da im Vorhinein sehr detailliert geprüft wird, ob beide Seiten zusammen passen und harmonieren. Des Weiteren führt

---

[50] Vgl. *lebensmittelzeitung.net*, Matching, 2016, o. S.
[51] Vgl. *lebensmittelzeitung.net*, Matching, 2016, o. S.

dieser strategische Auswahlprozess zu Einsparungen von Kosten, welche mit der Fluktuation oder dem weiteren Recruitingaufwand miteinhergehen.[52]

Datenbezogene Personalentscheidungen führen darüber hinaus zu mehr Transparenz in den Prozessen des Personalmanagements. Die Entscheidungen werden nicht mehr intuitiv oder nach persönlichen Präferenzen gefällt, da sich auf die Ergebnisse der Datenanalysen bezogen werden kann. Dieser Punkt führt jedoch in vielen Unternehmen zu einer ersten Hürde. Das Vertrauen auf datenbasierte Entscheidungen muss im Personalmanagement zunächst etabliert und angenommen werden. Anhand von Schulungsmaßnahmen des Managements kann dieser Herausforderung jedoch entgegengewirkt werden.[53]

Des Weiteren muss das Recruiting-Team gewisse Fähigkeiten vorweisen. Eigenschaften wie Professionalität und Erfahrung sind von Nöten, um die Analysewerkzeuge korrekt einzurichten und zu verwenden. Außerdem muss eng mit der Fachabteilung zusammengearbeitet werden, damit die ausgeschriebene Stelle auch den geforderten Kriterien entspricht.[54]

Zuletzt entsteht ein weiteres Risiko bei der Erhebung und Verarbeitung von personenbezogenen Daten. Der Umgang mit dieser Art von Daten ist von datenschutzrechtlichen Richtlinien geprägt, welche eingehalten werden müssen.[55]

---

[52] Vgl. *Härzke, P.*, Talent Management, 2017, S. 49 f.
[53] Vgl. *Petry, T.*, Digital HR, 2018, S. 369.
[54] Vgl. *Dannhäuser, R., Braehmer, B.*, Active Sourcing, 2017, S. 412 ff.
[55] Vgl. *Petry, T.*, Digital HR, 2018, S. 369.

5.2. Fazit und Ausblick

Rückblickend lässt sich feststellen, dass es einige Aspekte gibt, die zu beachten sind, um People Analytics gewinnbringend in das E-Recruiting einzubinden. Die aufgezeigten Anwendungsbeispiele zeigen jedoch deutlich, wie von den Potenzialen, die People Analytics für das Personalmanagement birgt, profitiert werden kann. Sind die genannten Risiken bewältigt, unterstützt People Analytics das E-Recruiting auf unterschiedlichen Ebenen. Über spezifische Plattformen können eine Großzahl an Talenten angesprochen werden, die Entscheidungsfindung verbessert sich durch datengetriebene Ansätze und der Recruitingprozess wird den Ansprüchen der Zeit gerecht.[56]

Dies ist vor allem in der IT-Branche ein wichtiges Thema, da der Fachkräftemangel die Personalbeschaffung vor eine große Herausforderung stellt und die Bewerbenden hohe Ansprüche an die Unternehmen stellen. Aber auch die Unternehmen selbst haben Schwierigkeiten geeignetes Fachpersonal unter den Kandidierenden zu finden, was zu aufwendigen Prozessen und oftmals auch kostenintensiven Fehlentscheidungen führt.[57]

Die Anwendungsfelder von People Analytics wirken diesen Schwierigkeiten entgegen. Ein Großteil der IT-Unternehmen setzt daher schon heutzutage auf E-Recruiting, welches durch personenbezogene Datenanalysen unterstützt wird. Stark datengetriebenen Strategien wie Active Sourcing werden bisher jedoch nur von wenigen Unternehmen verfolgt. Hier besteht noch Handlungsbedarf, um der stetig fortschreitenden Technik zu folgen.[58]

Die voranstehende Frage, ob People Analytics schon heutzutage eine anwendbare Methode ist, um die Personalrekrutierung in Unternehmen der IT-Branche positiv zu beeinflussen, kann folglich klar bejaht werden. Sie ist sogar eine Strategie, die ein zukunftsorientiertes Unternehmen einführen muss, um in der heutige Wirtschaftslage mitspielen zu können.

Zukünftig werden die Vertreter solcher Recruiting-Strategien an zahlenmäßigem Zuwachs gewinnen. People Analytics ist in vielen Unternehmen fest in das E-Recruiting

---

[56] Vgl. *lebensmittelzeitung.net*, Matching, 2016, o. S.; *Petry, T.*, Digital HR, 2018, S. 369.
[57] Vgl. *Reindl, C. U., Krügl, S.*, People Analytics, 2017, S. 197 ff.; *Bitkom e. V.*, IT-Fachkräftemangel, 2018, o. S.
[58] Vgl. *Personalwirtschaft*, Recruiting-Strategien 2018, 2018, S. 26.

einkalkuliert. Neben der grundsätzlichen Akzeptanz existiert jedoch Bedarf hinsichtlich der praktischen Umsetzung der People Analytics-Strategie. Der aktuelle Forschungsstand in Bezug auf technische Entwicklungen in diesem Bereich ist dem aktuellen Stand der meisten Unternehmen bereits weit voraus. Die Forschung bietet eine Reihe neuer Analysetools, welche sich auf unterschiedliche Datengrundlagen beziehen und im Stande sind, höchst komplexe Aussagen zu treffen.[59]

Das Personalmanagement ist im aktuellen Kontext ein einflussreicher Wertschöpfungsprozess im Unternehmen, da es maßgeblichen Einfluss auf den Unternehmenserfolg hat. Die allgemeine Akzeptanz, die diesem Einflusspotential entgegenkommt, muss nun durch das Ablegen der Reserviertheit gegenüber der technischen Entwicklungen unterstützt werden und praxis- und erfolgsbezogene Datenanalysestrategien wie People Analytics evaluiert und in das E–Recruiting eingegliedert werden.[60]

[59] Vgl. *Personalwirtschaft*, Recruiting-Strategien 2018, 2018, S. 4.
[60] Vgl. *Nachtwei, J., Bernstorff, C.* von, 2017, S. 3.

Literaturverzeichnis

Abadi, Daniel, Franklin, Michael J., Gehrke, Johannes, Haas, Laura M., Halevy, Alon Y., Hellerstein, Joseph M., Ioannidis, Yannis E., Jagadish, H. v., Kossmann, Donald, Madden, Samuel, Mehrotra, Sharad, Agrawal, Rakesh, Milo, Tova, Naughton, Jeffrey F., Ramakrishnan, Raghu, Markl, Volker, Olston, Christopher, Ooi, Beng Chin, Ré, Christopher, Suciu, Dan, Stonebraker, Michael, Walter, Todd, Ailamaki, Anastasia, Widom, Jennifer, Balazinska, Magdalena, Bernstein, Philip A., Carey, Michael J., Chaudhuri, Surajit, Dean, Jeffrey, Doan, AnHai (beckman report, 2016): The beckman report on database research, in: Communications of the ACM, 59 (2016), Nr. 2, S. 92–99

Beck, Christoph (E-Recruiting, 2002): Professionelles E-Recruiting, Neuwied, Kriftel: Luchterhand, 2002

Cunningham, Douglas William, Hofstedt, Petra, Meer, Klaus, Schmitt, Ingo (Hrsg.) (Informatik 2015, 2015): Informatik 2015 - Informatik, Energie und Umwelt, Bonn: Ges. für Informatik, 2015

Dannhäuser, Ralph (Hrsg.) (Social Media Recruiting, 2017): Praxishandbuch Social Media Recruiting, 3. Aufl., Wiesbaden: Springer Gabler, 2017

Dannhäuser, Ralph, Braehmer, Barbara (Active Sourcing, 2017): Active Sourcing in der Praxis, in: *Dannhäuser, Ralph* (Hrsg.), Praxishandbuch Social Media Recruiting, 2017, S. 407–433

Eckhardt, Andreas, Laumer, Sven, Maier, Christian, Weitzel, Tim (E-recruiting, 2014): The transformation of people, processes, and IT in e-recruiting, in: Employee Relations, 36 (2014), Nr. 4, S. 415–431

Eisele, Daniela Stephanie (Online-Bewerbungssysteme, 2003): Online-Bewerbungssysteme in der Personalbeschaffung, Wiesbaden: Deutscher Universitätsverlag, 2003

Fortmann, Harald R., Kolocek, Barbara (Hrsg.) (Arbeitswelt, 2018): Arbeitswelt der Zukunft, Wiesbaden: Springer Fachmedien Wiesbaden; Springer Gabler, 2018

Ghazzawi, Khalil, Accoumeh, Abeer (E-Recruitment, 2014): Critical Success Factors of the E-Recruitment System, in: International Journal of Marketing and Human Resource Management, 5 (2014), Nr. 3, S. 1–9

Grove, William M., Zald, David H., Lebow, Boyd S., Snitz, Beth E., Nelson, Chad (mechanical prediction, 2000): Clinical versus mechanical prediction: A meta-analysis, in: Psychological Assessment, 12 (2000), Nr. 1, S. 19–30

Härzke, Peter (Talent Management, 2017): Talent Management - Die nächste Stufe zünden, in: Personalwirtschaft, 44 (2017), Nr. 7, S. 48-50

Jänicke, Ulrich, Schindler, Dierk (HR-Management, 2017): Cloud-Varianten für das HR-Management, in: Personalführung (2017), Nr. 5, S. 36–41

Kolb, M., Werner, E. (Personaleinsatz, 1978): Personaleinsatz, Wiesbaden: Gabler Verlag, 1978

Mladenow, Andreas, Strauss, Christine (Active Sourcing und Matching, 2015): Active Sourcing, Matching und Nachhaltigkeitskommunikation beim eRecruiting, in: *Cunningham, Douglas William, Hofstedt, Petra, Meer, Klaus, Schmitt, Ingo* (Hrsg.), Informatik 2015 - Informatik, Energie und Umwelt, 2015, S. 483–494

Nachtwei, Jens, von Bernstorff, Charlotte (2017): HR Consulting Review, Berlin: VQP, 2017

Petry, Thorsten (Digital HR, 2018): Digital HR, Freiburg im Breisgau: Haufe, 2018

Piazza, Franca (Data Mining, 2010): Data Mining im Personalmanagement, Wiesbaden: Gabler Verlag, 2010

Rauterberg, Hannah, Krebs, Benjamin (HR-Digitalisierung, 2017): Stand der HR-Digitalisierung, in: Personalführung, 50 (2017), Nr. 5, S. 28–34

Rechsteiner, Frank (IT-Recruiting, 2016): Erfolgreiches IT-Recruiting trotz Fachkräftemangel, Wiesbaden: Springer Fachmedien Wiesbaden, 2016

Reindl, Cornelia Ulrike, Krügl, Stefanie (People Analytics, 2017): People Analytics in der Praxis, Freiburg, München, Stuttgart: Haufe Gruppe, 2017

Ritter, Andre (E-Recruiting, 2010): E-Recruiting, München: Akademische Verlagsgemeinschaft München, 2010

Schelenz, Bernhard (Hrsg.) (Recruiting, 2007): Personalkommunikation: Recruiting!, Erlangen: Publicis Corp. Publ, 2007

Smith, Tracey (HR analytics, 2013): HR analytics, United States: CreateSpace, 2013

Surrey, Heike, Tiberius, Victor (Hrsg.) (Personalmanagement, 2018): Die Zukunft des Personalmanagements, Zürich: vdf Hochschulverlag AG an der ETH Zürich, 2018

Wang, John (Data mining, 2003): Data mining, Hershey, Pa: IGI Global (701 E. Chocolate Avenue Hershey Pennsylvania 17033 USA), 2003

Internetquellen

Biester, Silke (Matching, 2016): Digital Recruiting - Matching erreicht den Nachwuchs, <https://www.lebensmittelzeitung.net/handel/Digital-Recruiting-Matching-erreicht-den-Nachwuchs-123417> (20.05.2016) [Zugriff 03.06.2019]

Bitkom Research (IT-Fachkräftemangel, 2018): 82.000 freie Jobs: IT-Fachkräftemangel spitzt sich zu, <https://www.bitkom.org/Presse/Presseinformation/82000-freie-Jobs-IT-Fachkraeftemangel-spitzt-sich-zu> (13.12.2018) [Zugriff 21.05.2019]

Jäger, Wolfgang, Sebastian Meurer (Recruiting-Strategien 2018, 2018): Recruiting-Strategien 2018, <https://www.personalwirtschaft.de/assets/documents/Downloads/Studienband-Recruiting-Strategien-2018.pdf> (01.01.2018) [Zugriff 11.06.2019]